CHELSEA OLDオーナーが贈る

暮らしにいかす アンティーク入門

An introduction to the use of antiques in your home

油谷訓子 *Yutani Kuniko*

Prologue

CHELSEA OLD

油谷訓子

ゆたに　くにこ／アンティークショップ「チェルシーオールド」のオーナー。2002年にショップをオープンして以来、年に数回、イギリスやフランスを買いつけでまわり、自らアンティークを仕入れて、全国のアンティークファンに届けている。クリーニングやメンテナンスをていねいに行い、実際に使って楽しめるものを提供するのが信条。ライフスタイル誌『私のカントリー』（主婦と生活社刊）で連載「今だから知りたいアンティークの愉《たの》しみ」を９年間続け、数多くのアンティークにまつわる物語を紹介している。本書はこの記事をもとに、新たな記事を加えて再構成した「チェルシーオールド」の集大成。

https://chelsea-old.com

「この本は、アンティークを使う楽しみを
1話ずつご紹介しています。
アンティークに初めて触れる方にも
楽しんでいただけますように」

私はアンティークが大好きです。

幼いころから「古くて味わいのあるもの」を集めるのが好きでした。それは大人になっても変わらず、さらにはその思いを自分なりに表現してみたいという気持ちが芽生えましたが、その方法がわからないまま、心に小さな違和感をもっていました。

ところがある日、その小さな違和感が何なのか突然わかりました。それは父の友人宅にうかがったときのこと。そのお宅は天井の高いコロニアルスタイルの家で、インテリアはヨーロッパのアンティークや現代アートなどをミックスしたコーディネート。私は強い衝撃を受けました。古く味わいのあるもので構成した心地いい住空間をつくりたい、と。

その後２００２年４月、アンティークショップ「チェルシーオールド」をオープン。主にイギリス、フランスでアンティークを探して、私の好きな世界観をショップで表現し、それを好きと言っていただける方たちとのご縁を大切にしています。

そしてこのたび、その世界観が本となりました。みなさまの暮らしのなかでお役に立てる一冊となりますよう。

さて、私はこの先もずっとこう言いつづけるでしょう。

「私はアンティークが大好きです」

Contents

本書に登場するアンティークは工芸品や美術品ではありません。作られてから100年以上経過していないものもありますが、古い時代のデザインや様式を受け継いでいるものをアンティークとしてご紹介しています。長い年月を経た器や道具、家具類ですので、基本的にまったく同じものがないことも魅力の1つです。同一のアンティークを販売していない場合がありますので、ご了承ください。「チェルシーオールド」では豊富なラインナップがありますので、ご紹介するアンティークについてご興味のある場合は、直接ショップへお問い合わせください。巻末に連絡先をご紹介しております。https://chelsea-old.com

アンティークと暮らす わが家へようこそ！

アンティークが好きです。
住まいをしつらえ、触れて、使って、ともに暮らす――
暮らしにいかしてこそわかる
古いもののもつ魅力に
今でもひかれつづけています。

1 つまみをひねる陶製の照明のスイッチ。間接照明が多くあるので、壁づけのスイッチもアンティークに。**2** オールドパインのダイニングテーブルは200年前のもの。キズさえも代えがたい趣。

アンティークというものをまったく知らなかった子どものころ、祖母の家にある古いダイニングテーブルが大好きでした。いくつも輪ジミができていて、なんだかとてもカッコいい。どうしてわが家にあるテーブルは、ツルツルしていて素敵に見えないんだろう？と。おそらくそれが、私のアンティークに触れた原点。古いものにひかれる人生の始まりだったように思います。

その後、ヨーロッパの古いものに開眼してショップを開くまでになりましたが、一アンティークファンとして、自宅でもアンティークに囲まれています。

わが家は、17年前に自宅の1階を大々的にリノベーションしました。古い梁《はり》、無垢《むく》の床材、漆喰の壁に替えて、イギリスの田舎家風に。毎日触れて、実際に使うことができるアンティークが主役なので、自然と素朴な雰囲気になったと思います。

アンティークは高価だと思われるかもしれませんが、同じものを作ろうとすると、今はもっと高額になってしまいますし、そもそも作れる職人さんも減っています。役立つものを選べば飾るだけにとどまらず、住まいも彩ってくれる。その背景を知ればもっと愛着がわく――それが今、伝えたいアンティークの魅力。古いものだからと気がねせず、取り入れていただければうれしいです。

Introduction Interior Dining & Kitchen

キッチンのシェルフにアドバタイジングマグを下げて、見た目にも楽しく。

愛犬たちのペットグッズを収納するイギリスのほうろう缶。大きさが手ごろで重宝。

大きなゼリーモールドは、小さな道具のまとめ役に。軽量なのもうれしいところ。

キッチン中央に配置したカウンターもアンティーク。調理はもちろん、お茶を飲んだりするのにもちょうどいい大きさ。

アルミキャップのガラスジャーには中国茶を。イギリスのコーヒーメーカーのもの。

清潔感のあるほうろうのシェードは、キッチンにぴったり。欠けているのも味わい。

古い木の質感にひかれます。ブルーグレーのシャビーな棚には、ふだん使いの食器を。

光がさし込むオープンなキッチンには、アンティークの調理道具がたくさん。すべて日々使っているもの。

ショップでも多く取り扱うステンドグラスは、いたるところに。現行品にはない色と質感です。

右の写真の小上がりのスペースに、古材で作った板壁。ガラスのシェードが陰影を生みます。

天井に張った梁《はり》は、古い民家を取り壊す際に出たものを使いました。漆喰の白に映えます。

キッチンからひと続きのLD。友人を招いて、一緒に料理をしながら食事をするのが好きです。

リビングから庭を眺められる窓辺。左に吊り下げているのはハンモック。

17年前にリノベーションした自宅のイメージは、イギリスの田舎家。アーチ壁の奥のリビングは、もと和室。ショップでもリノベーションの提案をしています。

季節によって、ディスプレイするアンティークを替えて楽しんでいます。

玄関スペースは、たたきからフロアまでテラコッタタイルを敷き、シュークロゼットには古材の扉を。

LDへの扉もステンドグラス入り。廊下にもスペインのテラコッタタイルを敷き詰めました。

リビングとバスルームの間の壁にアンティークのステンドグラスをはめて、明かり採りの役割も。

Chapter1

キッチンツールとテーブルウエア

Kitchen tool & Tableware

アンティークのなかでも、キッチンで使う調理道具や
食器は女性に人気があります。
けれど、実際に日々使っている方はどれだけいるでしょうか。
私はキッチンツールも、器も毎日使っています。
その使い方、よさをごらんください。

No.
01

Kitchen tool

キッチンツール

私の手放せないキッチンツールたち。今でも充分活躍するものばかりなんです

レモンスクイーザー

私のお気に入りのレモンスクイーザー。アボカドのディップにライムを搾ります。半分にカットしたものを挟んで、ぎゅっと押さえるだけ。簡単に果汁がたっぷりと搾れるので、手放せません。

ミキシングボウル

1カ所、傾けられるように角度がついています。大きくかき混ぜたいときにも、とても便利。イギリスのT&Gグリーン社が特許を取得していた形。

わが家のキッチンに並ぶアンティークは、どれも長年使いつづけて、今なお現役。私の料理の良き相棒たちをご紹介しましょう。たとえば、レモンを搾るスクイーザー。10年以上愛用している、私にとっては欠かせない道具の1つ。サラダのドレッシングに、あえ物にと、ほぼ毎日、出番があります。

料理に使うからといって、特別気をつかうこともありません。だって昔から、ふだんの暮らしのなかで使われてきたものですから。道具は使ってこそ。「アンティークを暮らしにいかす」のは、私がずっと大切にしていることです。

実際に使ってみると、アンティークの道具は、実によくできていることにも気づきます。混ぜやすいように、傾けて固定できるミキシングボウル、すっきりと重ねられるプディングボウル。ショップで使い方をお話しすると、みなさま感心されるので、ファーストアンティークとしても、おすすめしています。

次にご紹介するのは、どれもアンティークを使って作ったメニューです。使い込んで味わいの出たオーブンウエアで焼いたミートローフに、「HOVIS」の小さな型で焼いた可愛らしいパン。サラダのフレッシュな柑橘《かんきつ》の香りは食欲をそそります。食卓でのこんなおもてなしなら、アンティーク談議もいっそう盛り上がりますよ。

焼き型やオーブンウエアも実際に使っています

しけらないソルトポット

口が大きく開いているのに、塩がしけらない不思議な形。これはイギリスで購入した現行品ですが、昔ながらのアンティークの形です。

「HOVIS」の焼き型

大きなサイズはよく見かけますが、このミニサイズは、メイン料理に添えて出すときにちょうどいい。単体の型もありますし、この連結した型も家庭用のオーブンに入ります。

陶器と木を組み合わせたスクイーザー。
味わいのある道具の一つ。イギリス製。

ミキシングボウルはプディングボウル同様サイズが選べるので、少しずつ買い集める方も。

プディングボウル

ライスプディングを入れて、この容器ごと売っていたので、プディングボウルといいます。大小サイズがあるので、調理に役立ちますよ。

オーブンウエア

あたたかみのある土の風合いを感じるオーブンウエアは、ローストに欠かせません。熱々のまま食卓に出せるのがうれしいですね。

トマトのカプレーゼは、青の柄が美しいフランス製のプレートに。アボカドのディップは、ハンガリー製のボウルでたっぷりと。おおらかな雰囲気の素朴な器も大好きです。

No.
02

Glass compote

ガラスのコンポート

キラキラと輝くだけではありません。ご存じですか？ コンポートの実用性

アンティークのコンポートには、放射状の模様が入っています。それは、ケーキををカットする際のガイドのため。デザインにもちゃんとした役割があるのが、古いものの魅力。

ショップにいらしたお客さまからのご質問で多いのが、「プレゼントにおすすめのアンティークは、どんなものがありますか？」。

そんなとき、まず私がご提案するのは、ガラスのコンポートです。美しいデザインはもちろんのこと、実は、いろいろな使い方のできるアンティークというのが、その理由。そして、状態のいいものが見つかるので、ファーストアンティークとしてもおすすめのアイテムなのです。

1800年代後半～1930年代ごろまでのイギリス製で、精巧なカッティングが施された脚付きの形。ケーキや焼き菓子をのせるだけで特別感が生まれ、おもてなしの気持ちが伝わるしつらえになるはずです。

私にとって、古いガラスの経年変化も魅力のひとつ。含有物によって、紫やアンバー、グレーがかった色が差してきて、今のものにはない、アンティークならではの趣が現れるのです。ガラスの器は、ほかの食器と合わせやすいのも、うれしいところ。

一つひとつ異なる美しさを見くらべながら、お気に入りを探すのもまた、醍醐味《だいごみ》。大きさも、フルーツ用の小ぶりなものから大きなホールケーキがのるサイズまで、さまざま。小さなものなら、おつまみを盛りつけてもいいと思います。特別感がグッと増すので、しまい込まずに、どんどん活躍させてくださいね。

器としてだけでなく
ディスプレイにも役立ちます

給水スポンジに刺したフラワーアレンジメントをケーキコンポートにのせて。縁に立ち上がりのあるタイプなら、たっぷり水を含ませておいても大丈夫。

プレートの部分が湾曲した小ぶりなタイプはフルーツ用のコンポート。サイズ違いを重ねると、こんなふうに素敵なスタンドになります。アクセサリーを飾るのもおすすめです。

主役のケーキコンポートには、やはりホールのケーキを。高さが出るので見映えがするのと、ティーセットとのバランスも絶妙です。

キャンドルスタンドにもぴったり。庭のグリーンをくるりと巻いて、おもてなしのテーブルへ。

スクエア形のコンポートも。円形とかなり印象が異なります。ディスプレイ用にぴったりなスタイリッシュさ。

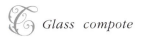

No.
03

French plate

フランスの絵皿

繊細で美しい模様の絵皿には
コレクターも多いはず。
そこには古い窯《かま》で作られた
知るほどに楽しくなる歴史があります

可愛らしさも感じる赤の絵柄も。同系色なら柄が違っても違和感がなく、単色なので派手にならずに、人気があります。サンタマンやサルグミンヌ窯のもの。

6枚の柄違いで１セットのプレート。落ち着いたブラウンで、繊細なボタニカル画のようなセットは、中に描かれている鳥の姿や位置が少しずつ異なっています。おもてなしの際の取り分け皿に役立ちます。

ファンに人気の古窯《こよう》サンタマンは、1705年、フランス北部のサンタマンレゾーで創業。

近ごろ特に女性に人気のあるアンティークの食器は、絵柄の入ったフランスの古い窯のもの。みなさまも目にする機会がふえたのではないでしょうか。1色で描かれた転写の柄はどれも繊細で、飾っておくのにもふさわしいものばかり。フランスにある陶磁器の窯はとても多く、「ジアン」のように現存しているところもありますが、時代による統廃合があったことで、バックスタンプ（刻印）のデザインが異なるのが面白い。2つの社名が入っていたり、年代で絵柄が変わったり。ごく限られた年代にしか存在しなかった窯の名前を見つけたときは、思わず心が躍ります。

さらにフランスでは、リネンクロスと同様に6枚が1セット。プレートも6枚組で、少しずつ絵柄を変えてシリーズのように作られたものがあって、欠けずにひとそろい見つけるとうれしくなります。注文した家のイニシャルと思われるアルファベットを、花柄のなかに組み合わせた意匠など、実に興味深い。

お気に入りの絵柄のプレートを1枚ずつ集めたら、右ページの写真のように白い器と合わせるのが、私のお気に入り。色は深い青や緑が多いので、絵柄が引き立って、異なるデザインでもシックにまとまります。ゲストが好きな絵柄を選ぶのも楽しいですね。

そして、裏のバックスタンプにも注目を。あなた好みの窯が見つかるかもしれません。

「クレイユモントロー」の6枚組みのプレート。このシリーズは、スーピエールからコンポティエまでがそろっていました。

ひし形の小ぶりなプレートは、「ラヴィエ」という前菜用。お茶菓子などにちょうどいいサイズ。

年代によって、さまざまな種類があるのも魅力です

2

1

バックスタンプのお話

1 サンタマン窯《がま》のマリールイーズシリーズ。壁の模様の王冠と剣の入ったサンタマンの紋章が主なスタンプの柄。**2** こちらはムーランデルー窯で作られた同じシリーズ。スタンプは風車の柄に。**3**・**4** 同じサンタマン窯でも、年代やシリーズによってスタンプが変化します。**5** 55年間のみ存在したエミールブルジョア窯のものはとても希少。湾曲した台座のスタンプもレアです。

二重のクロスは十字軍の紋章。外敵から国境を守る意味で用いられた、トゲのあるアザミの花が描かれているところに、歴史を感じる深めの大皿です。

シノワズリ（中国趣味の美術様式）など、ヨーロッパでの東洋への憧れが反映された絵柄。松などがあしらわれ、染付けのような趣があります。2色とも同柄。1875年のサンタマン窯製。

お気に入りの絵皿を見つけたら、ぜひバックスタンプもチェックして。

5

4

3

No. 04

Trio cup & saucer

トリオのカップ&ソーサー

右の写真はスコーンと紅茶の「クリームティー」。ケーキ皿を小さなケーキスタンドにセットして、ちょっとカジュアルなお茶の時間。器の魅力が、手軽な食卓をグレードアップしてくれるのが、よくわかります。

ティーカップ&ソーサーと小さなケーキ皿の3点セットを「トリオ」と呼びます。イギリスのティータイムに欠かせない器のお話です

トリオは6人分のセットが一般的。フルセットになるとトリオ（3ピース）×6客、BBプレート（Bread& Butter プレートの略）、ミルク&シュガーの計21ピース。

100年以上は前のトリオ。繊細な花柄に加えて、金のぼかしのリムが美しい。BBプレートとシュガーボウルはないけれど、6客そろった状態のいいセット。

イギリスでは、お茶用のティーカップとソーサーに小さめのケーキ皿がついたトリオの組み合わせが一般的。紅茶を飲みながら、スコーンや焼き菓子をいただくには、ぴったりなセットだと思います。まさに、現代でもイギリスの文化を象徴している食器の1つといえるでしょう。

イギリスでアンティークを買いつけるときに教わった言葉が「トリオを見つけたら、必ずトリオで買え」。面白いでしょう？　生活習慣としても骨董的価値としても、このケーキ皿とカップ&ソーサーのセットは切り離せない存在なのだと、深くうなずいたものです。

食卓では、異なる器のコーディネートも楽しいけれど、おそろいの柄が並ぶのはもっと素敵！　絶妙なバランスで重ねられて棚に納まる姿や、そのままテーブルにサーブされるのも、可愛らしくて実は機能的。ぜひ、このセットの魅力を多くの方に知っていただきたいと思うのです。

豪華なアフタヌーンティーはもちろん憧れだけれど、紅茶とスコーンをいただく、「クリームティー」でトリオをお使いいただくのも、またおすすめ。たっぷりのお茶と素朴な焼き菓子があれば、気のおけない友人とのおしゃべりの時間が、よりうれしいものになるはずです。私もイギリスへ行く際は、人気のお店を調べては訪ねるのが楽しみです。

イギリス伝統のお茶を楽しむトリオの器。
香り高い紅茶と焼き菓子があれば幸せな時間が始まります

1 アールデコ時代の「ショア&コギンズ」社のトリオ。ハンドペイントで、黒を使っているのが、上品。**2** 専用のホルダースタンドで、飾りながら収納するのも素敵です。**3** ティーポットまでがそろうセットなら、いっそう豪華なティータイムに！ **4** ケーキプレートがスクエアタイプのデザインもあります。

アフタヌーンティーの基本のメニュー構成は、サンドイッチ、スコーン、ケーキやフルーツなど。これを下から順に食べていきます。キューカンバーサンドイッチは、イギリスではおふくろの味。その昔、キュウリが貴重な野菜だったことから、ごちそうメニューに。

スコーンに欠かせないクロテッドクリーム。イギリスで人気の「デヴォンクリームカンパニー」がお気に入り。

No.
05

Cutlery

カトラリー

どんな器をも引き立てて
食卓をいっそう美しく見せるシルバーカトラリー。
特別な日だけでなくどうぞ毎日、使ってください

本格的なコース料理のレストランでは、いくつものカトラリーがセットされています。本来、カトラリーレストは、同じカトラリーで食事をするカジュアルなシチュエーションで使うもの。

ケーキサーバー、バターナイフ、ティースプーン、デザートフォークにデザートスプーン…。ほかにも、用途の数だけアイテムがあるカトラリーは、日本とは異なる食文化の表れです。

イギリスのシルバープレートのディナーセット。ひとそろいあると、セッティングがぴたりと決まる。カジュアルなワンプレートのメニューの際も、アンティークの器が引き立ちます。

コロナ禍でおうち時間が長引いた時期、食器とともにお客さまからご注文いただいたのは、カトラリー。食卓にこだわるとき、まずは素敵なデザインの器を求めるのが通常ですが、脇役的なカトラリーにもこだわるようになっていました。これまで以上に、食卓に向き合う時間を充実させたいという意識が高まっていたのを感じます。

シルバーカトラリーは、手入れの手間がかかると敬遠されている方も多いと思います。確かに純銀のカトラリーは磨かなければ、その美しさをキープできません。でも、シルバープレート（メッキ仕上げ）なら気軽に扱えるんです。メッキといってもヨーロッパのアンティークは現代のものより巻きが厚いために、質感や見た目に遜色なく、有名なブランドのものでもかなりお手ごろ。

私自身も家で食事をする回数が格段にふえた際、毎日のルーティーンのなかで、小さな変化をつけたり、家族と会話する食卓の大切さを実感しました。簡単なメニューでも、買ってきたお総菜だっていい。時にはお気に入りの器とカトラリーをセットした食卓を用意してみませんか？

疲れたときこそ、手軽にちょっと素敵な気分になれる工夫が大事。特別な日ではなく、ふだんの暮らしで実践するのがおすすめですよ。毎日が少しでも楽しくなりますように。

カトラリーが変わるだけで
テーブルコーディネートが新鮮になります。
小さなツールも見逃せません

CHRISTOFLE

装飾品から食器まで、さまざまな製品を製作しているフランスの「クリストフル」。王室やマハラジャの食卓でも愛用されているとか。左下は、丸焼きのチキンを切り分けるときに、刺して固定する道具。

ERCUIS

「エルキューイ」はフランスの老舗メーカー。1889年のパリ万国博覧会に純銀のカトラリーを出品後、一流レストランや豪華客船からの注文が殺到。かのオリエント急行の食堂車でも使われているそう。

ブレッドナイフ

しっかり作られた刃を研げば、今でも切れ味抜群。握りの部分が時代を物語っています。ちなみに「HOVIS」のブレッドボードは現在、数が少なくなって、非常に貴重なアンティークに。

スーベニール

イギリスの古いスーベニールのティースプーン。観光地や名所で売られていたもので、エンブレムなどがついています。息子が買ってきてくれたりと、自然と集まりました。

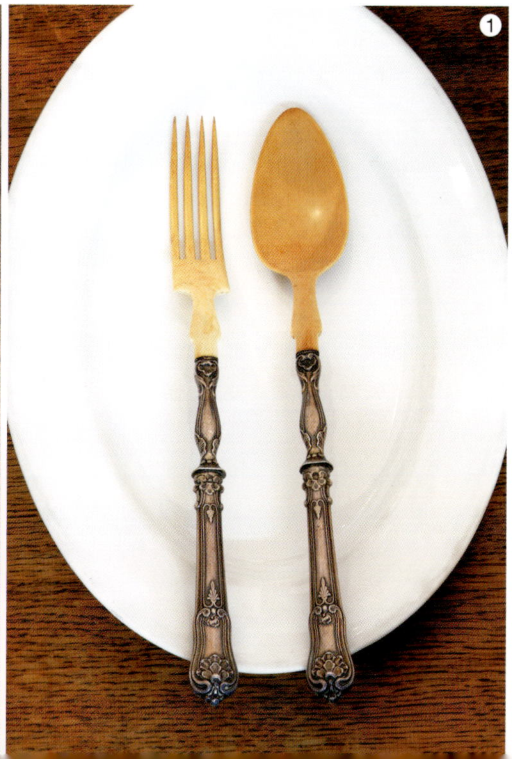

レアなカトラリー

1 牛の骨で作られたサラダサーバーのセット。軽くて、器へのあたりもやさしい。**2** イギリスのバターナイフは、柄の部分に精巧な銀細工が施されている珍しい逸品。

No. 06

Blue & White

ブルー&ホワイト

1 非常に時代の古いイギリスアンティークのプレート。裏面のヒビ割れを補修した跡にホチキスの針のような金具を使っているのが、古さの証し。**2** 花の絵柄がシノワズリ。立てかけて飾りたくなるデザインです。

ヨーロッパとアジアの文化が融合したブルー&ホワイトの世界にひきつけられます

3 フランスの陶磁器ブランド「ジアン」のもの。湯のみのような小ぶりなボウル形です。**4** 濃淡のある中国風の風景が描かれて、こちらもシノワズリの影響が見てとれます。

アンティークで「ブルー&ホワイト」といえば、白地に鮮やかな青で絵つけされた器のこと。もともとは、染付けに使われていた呉《ご》須《す》と呼ばれる青い顔料を用いた中国陶磁器に由来しています。イギリスでは、中国文化への憧れとシノワズリの流行で、中国や日本の染付けを輸入するとともに、現地でもさまざまな器が作られました。ヨーロッパで今日まで非常に愛されている器の様式です。

私がブルー&ホワイトにひかれたのは、イギリスを訪れた際、ウェルシュドレッサー（イギリスではカップボードのことをこう呼びます）にずらりと並んだ青と白の器を目にしたとき。たった1色で描かれているのに、その姿の精緻で美しいことに感動しました。

さまざまな窯《かま》で作られていますが、なかには中国や日本のモチーフを取り入れたエキゾチックな絵柄が見つかるのも、心躍るものがあります。当時のヨーロッパの人々が抱いていた、遠く離れたアジアの国への憧憬を感じて、日本の文化を誇らしく思うから。私は、日本の古い染付けの器も好きです。

ブルー&ホワイトの器は和食とも相性がいいので、ふだんの食卓にも取り入れやすいと思います。そして、やはり食器棚にしまい込まずに、飾って楽しむのをおすすめしたいもの。同じ配色でも、ヨーロッパらしい華やかさがあるのが魅力なのです。

今に受け継がれるブルー&ホワイトの器。
いくつも飾っても品がよく、絵になります

1 風景はイギリスのものですが、周囲に描かれているモチーフにはシノワズリのテイストが感じられます。**2** イギリスの紅茶メーカーの「リントンズ」のアドバタイジング。茶葉を入れて販売されていたもの。

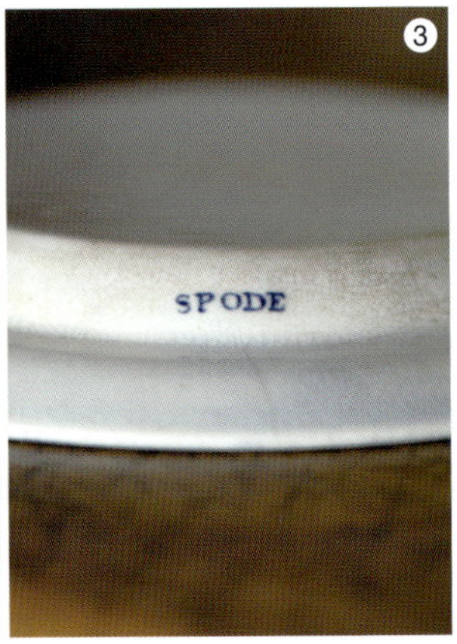

3 イギリスの「スポード」でもブルー&ホワイトが作られていました。**4** ブルー&ホワイトが古いもので、赤い絵皿は現代のもの。同じ絵柄のシリーズが今でも受け継がれています。

わが家のキッチンの壁面を飾るブルー&ホワイト。イギリスとフランスのものが混在していますが、調和しているのも魅力です。

私が昔、感動したイギリスで見た光景を自宅で再現してみました。オーク材の重厚なドレッサーに、青と白の器が映えて、この上なく上品。ウェルシュドレッサーの棚板には、プレートを立てかける溝が切ってあります。

Column 1

おうちレストラン

ぬくもりあふれる器でおもてなし

大皿にたっぷりと盛りつけて、自由に取り分けるのがわが家のおもてなしスタイルですが、寒い時季には温かい煮込み料理を加えて。これにはスーププレートが活躍します。アンティークの絵皿は、華やかな色合いでも華美にならず、料理のジャマをしません。ローストチキンをのせた大判のカッティングボードや、テーブルフラワーをアレンジしたスーピエールなど、ちょっと目先の変わった使い方をしてみると、食卓ががぜん盛り上がりますよ！

イギリスのカッティングボードは、食卓で切り分ける料理に大活躍。パンとチーズ、フルーツを盛り合わせたりと、出番は多く、キズも味わいになるので、どんどん使って。

コンソメスープを張ったロールキャベツのシンプルな盛りつけに映えるスーププレートは、フランスのサルグミンヌ窯《がま》のもの。パスタやシチューにも使えて重宝する形です。

食卓でスープをサーブするふた付きの器が、フランス語でスーピエール。給水スポンジに花をアレンジすると高さが出るので、華やかで見栄えがします。

ディナープレートに各自で自由に取り分けていただくスタイル。フランスの絵皿のセットは少しずつ絵柄が違っていたりするので、見ていて楽しいものです。

アルザスの伝統の焼き菓子・クグロフの型

ヨーロッパの古い器には、土の香りのするような厚みのある素朴なものが見つかります。オーブンウエアはその代表ですね。フランスのアルザス地方に伝わる伝統的な焼き菓子・クグロフの可愛らしい焼き型も、その1つ。フォークロアで愛らしい絵つけがされているのも、ぬくもりを感じますね。アルザスにはクグロフサレという、主食にできる甘くないレシピがあるので、食事に添えられるのです。

しっかりと厚みのあるフォンデュ鍋や南仏で作られたオリーブオイル用のポット、ワインはガラスのデミジョンボトルに。古いガラスならではのゆらめくような質感は、ぽってりとした土の器とよく合います。素朴でシンプルな器は組み合わせやすいのも魅力。ぜひ取り入れてみてください。

王冠を模したひねりの入った形が特徴のクグロフ型。金属製のものも多いですが、陶製のものはふんわりと焼けるとか。手前の小さなものがアンティーク。大きいものは今でも作られているアルザスの型。

おうちレストランを盛り上げるアンティーク

1 南仏ならではのおおらかさを感じる、手描きのオリーブオイルポットは、花をいけるのにもおすすめ。持ち手が２つついているのは、運搬用としても使われていたため。**2** ヨーロッパの田舎を思わせる、素朴な焼き物が好き。別々の場所で手に入れたものでもしっくりとなじみ、厚手で丈夫なので、耐熱皿としても立派に現役です。**3** フランスのジャムジャーにティーライトキャンドルを入れると、器の陰影が楽しめます。**4** 水銀を流し込んで作られた希少なマーキュリーガラスのスタンド。「おうちレストラン」の盛り上げ役には、ぜひキャンドルを灯《とも》しましょう。19世紀後半のイギリスのもの。**5** 気泡の入った質感と、丸みのあるデミジョンボトルは、どこかモダンさも感じさせるので、世代を問わず人気のアイテム。どっしりとした焼き物とも好相性なのです。

Chapter2

日用品と雑貨

Household goods

薬やお菓子のパッケージ、日常使いの道具たち。
なぜこんなにも古いものが素敵に見えるのでしょうか。
技術が進歩した今では、もはや作られることはないものたち。
手仕事のあたたかさや、素材の素朴さが
いちばん表れているものです。

No.
07

Linen & Lace

リネンとレース

ひと針ひと針、刺された手刺しゅうや
繊細なレースの編み目には私たちがどうしてもひかれる
昔の女性たちの手仕事の素晴らしさを感じます

1 中ほどが輪に縫われた、イギリスのクロス。使いやすくてお気に入り。2 実際に使用しているキッチンクロス。赤い柄は種類が豊富なので、つい集めてしまいます。

小さなテーブルクロスほどのサイズがあるクロスは、12枚でひと組。これは嫁入り道具として、花嫁が手作りしたもの。

シンプルなライン入りのデザインなら、どんな食卓にもお似合い。すみにさりげなくイニシャルが入ったフランスのもの。

アンティークファンの多くの女性たちがそうであるように、私も大のファブリック好き。特に心を奪われるのが、刺しゅうの入ったリネンのクロス。イニシャルやラインだけが入った素朴なクロスが、わが家の雰囲気に合うのです。当時の手織りの生地は、その多くがとても丈夫で、食器を拭くのにもどんどん活用しています。

ファブリックには、お国柄が表れています。たとえば、愛らしい花柄が刺しゅうされているのは、イギリスのもの。赤い糸でラインやイニシャルが入っているのはフランスのもの。ラインのデザインが家を示していたそう。家紋のようなものですね。レースにいたっては、地方ごとの伝統的な手法があり、カレーレースやアランソンレースなどは、発祥した土地の名前がつけられています。

レース編みも刺しゅうも、当時はすべて女性の手仕事。嫁入り道具としてみんなで編んだ大きなレースや、結婚する2人のイニシャルを刺しゅうしてひとそろい作ったクロスなど、どれも手に取るたびに幸せを感じるのは、同じ女性だからでしょうか。

買いつけたファブリックの汚れはすべて、きれいに洗っています。大切に受け継がれてきたものだから、次に手にする方にも喜んでいただきたくて。クッションカバーに仕立てるなどハンドメイドにいかすのも、素敵です。

毎日活躍する、使うほどにしなやかさを増すリネンたち

ベッドリネンや、カバーにできるサイズのハンドメイドレースは必見。ピローにもなる大きめのクッションカバーは、イニシャルの刺しゅうが入っています。

ブルー系のクロスも好き。中央の花柄の刺しゅう入りのテーブルクロスはイギリスのもの。

レースにはその地方独自の伝統が表れています

花瓶敷きとして数々作られたレースのドイリーたち。昔の女性たちの手仕事の素晴らしさが伝わって、うっとりします。

ドロンワーク、タティング、バテン…。1枚の小さな世界のなかに、さまざまな手法が凝縮されたドイリーは、ショップでも大人気。

No. 08

Pottery bottle

陶製容器

当時のパッケージデザインの秀逸さがわかるイギリスの容器たち

陶製ボトルもガラスボトルも、現在でもあるイギリスのドラッグストア「Boots」のもの。昔の薬局で使われていたことがわかります。

一般的なのは「VIROL」のロゴが縦になったマーク入り。時代が古くなると、写真左のように骨をつかんだ手が描かれた「ボーン・イン・ハンド」と呼ばれるデザインに。さらに古く非常にレアなのが右側のマークのないタイプです。

手のひらに納まるほどの小さなものから、花瓶ほどもある大きなサイズまであるヴァイロールボトル。特大サイズは希少。

素朴なロゴが入ったボトルやジャーは、アンティークファンにはおなじみのもの。日本でも長く人気のあるアンティークです。「ヴァイロール」や「フランク・クーパー」「ダンディー」といった銘柄はご存じの方も多いのではないでしょうか。

「ヴァイロール」は、１８６０年代から１９５０年代までイギリスで発売されていた、牛の骨髄のエキスから作った子ども用の栄養補助食品です。今でいうコンソメのようなもので、スープのようにして食べられていたそう。この容器がヴァイロールボトルで、大小さまざまなサイズがあります。

イギリスの朝食やティータイムには欠かせないマーマレードも、当時はこうした陶製の容器に入って販売されていました。「フランク・クーパー」や「ダンディー」は、それぞれのメーカー名。ヴァイロールボトルと異なり、ストレートな形のジャーです。メジャーなメーカー以外にも、作られていた地方の名前のものも見つかります。

イギリスでは、こうした容器は使用後、土中に埋められていたため、現在まで残っているのです。素朴な陶器に、ゆがみさえも愛おしいロゴ——当時のパッケージデザインが現代の私たちを魅了しつづけているのは、花をいけたり、ツールを立てるだけで素敵な、暮らしにいかせるアンティークだからこそ。

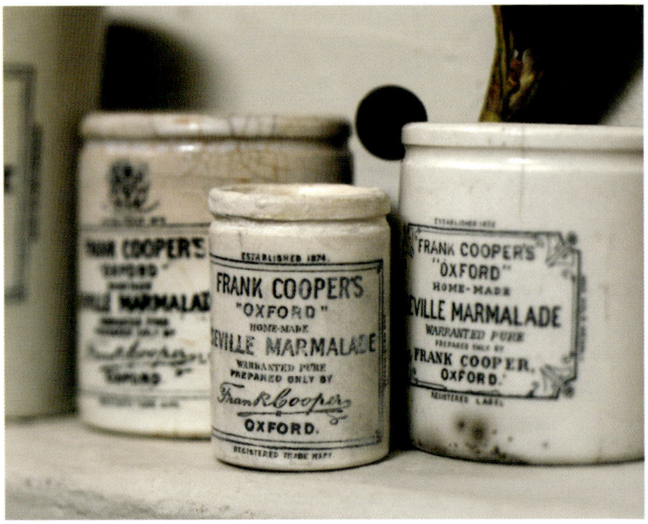

イギリス王室御用達の「フランク・クーパー」は、今でも愛されつづけるマーマレードメーカーです。

イギリスのダンディー地方で作られていたダンディーマーマレード。発売時期によって、ロゴは変遷しています。

今でも愛されているメーカーの容器もたくさん。
歴史を垣間《かいま》見ることのできるアンティークです

個人的にもコレクションしているので、廊下の壁にニッチを設けて飾っています。

わが家のキッチンでは、ツール立てに大活躍。厚手の陶器で安定感があるのも、こうした用途に向いていると思います。

当時は、厚紙に油紙をかぶせて麻ひもを結んで封をしていたので、ふたは現存していません。あまり見かけないロゴは小さな製造元のもの。

No. 09

Stained glass

ステンドグラス

自宅にもステンドグラスの小窓をいくつも設けています。

ステンドグラスの基本色は赤・緑・黄色の３色。青が入ったものは珍しい。

お気に入りの１枚を住まいにどういかすか——それも楽しんでほしい

私のショップで最も人気のアンティークの1つが、ステンドグラスです。家を建てる際や、リノベーションに利用するために、アンティークファン以外の方の需要もふえてきました。飾るだけでなく、実際に住まいづくりにいかされるようになってきたのは、とてもうれしいことです。

もともとヨーロッパの教会建築を始まりとして生まれ、その後、イギリスでは一般の住居でも使われるように。今、アンティークとして出まわっているものは、ほとんどがイギリスの古い家屋の外壁を彩ってきたもの。窓やドアにはめ込まれていたので、その多くは当時の木枠がついたままです。

でも、イギリスのアンティークだから和室に向かない、ということはありません。たとえば、幾何学模様などは、レトロさやモダンさを醸し出して、よく似合いますし、模様ガラスはほどよい目隠し効果があって、内窓にもぴったり。実は、そうした利点もあるステンドグラス。お気に入りを見つけたら、ぜひ、住まいづくりにいかしてみてください。

そして、ステンドグラスの美しさをいちばん堪能《たんのう》できるのは、日がさし込んで光が透過する色ガラスのきらめき。無色のガラスであっても、波打った凹凸が光の存在を形にして見せてくれるようです。窓際に立てかけるだけでも、その瞬間を楽しむことができます。

繊細な鳥の絵は手描き。1850〜60年代ごろの希少なデザイン。

レトロにもモダンにも合う幾何学模様。和室の欄間にはめ込むのも素敵です。

1点1点選び抜いて
買いつけるステンドグラスは
飾ったときの印象までも思い描いて

1 6枚のステンドグラスが1枚の大きな窓になるデザイン。**2**基本の3色を使っていますが、葉や花びらがグラデーションになっていて、ひと味違うバラモチーフ。**3**人気のバラモチーフのなかでも、複雑な色合いは、あまり見かけません。

3

2

1

表情豊かな無色の模様ガラスは、若い世代に人気です。

ステンドグラス専用のオリジナルスタンドも

ショップオリジナルで販売しているアイアンのスタンドは、ペアで￥7010。ステンドグラスのサイズに合わせて特注もできます。

色ガラスをポイントにしたモダンな幾何学模様。

No.
10

Stand light of ANGLEPOISE

「アングルポイズ」の スタンドライト

ムダのない構造が現代でも人気の理由。インダストリアルな雰囲気ながら中間色が絶妙！

ずっしりと重量がある台座で、上部がどれだけ動いてもグラつくことがない造り。アームが自在に伸縮して、とめたい位置でピタリととまります。

「アングルポイズ」の台座はスクエア型（手前）のものが古くてレアです。

イギリスのアンティークライトのなかでも人気の「アングルポイズ」。スプリング式アームランプの元祖でもあります。

1855年、イギリスで設立されたテリー社は、自動車のサスペンションパーツや自転車のサドルなど、スプリングを用いたさまざまな製品を開発していました。その後、自動車エンジニアのジョージ・カワーダインが、テリー社のスプリングを利用した重量バランスの技術的理論を考案し、4本スプリング型の「アングルポイズ」が誕生しました。

4本スプリング型のものは、工業用イメージが強かったため、よりシンプルでエレガントなスタイルの3本スプリング型が1935年に発表されました。現代においても「アングルポイズ」を代表するモデルです。

美しくムダのないデザインと高い機能性が長く愛され、ロイヤルメールの切手シリーズ「英国を代表する10のデザイン」に、イギリス発祥の小型車ミニクーパーや超音速旅客機コンコルドとともに選ばれています。日本でも人気が出て、今は若い方からのお問い合わせも多数。世代を超えて支持される、まさに「用の美」を体現しているアンティークの1つともいえるでしょう。

わが家では、素朴なカントリーテイストの木のデスクが定位置。こんなミックススタイルも、なかなかいいと思いませんか？

ショップでは、「アングルポイズ」以外のインダストリアルな照明もたくさん取り扱っています。すべて配線を替えて日本の住宅でもすぐに使えるようにメンテナンス済みです。

白の「アングルポイズ」は、よりスタイリッシュな印象。シンプルなワークスペースにも似合います。

アンティークにも機能的な照明はたくさん。ぜひ現代の暮らしにもいかしてください

こんなユニークな照明も

自宅では、古いオイルランプに電球を入れて間接照明にリメイク。最近は、こうした古いランプがアウトドアファンにも人気なのだとか。

フロアスタンドもあります

フロアスタンドは、インテリアの大きなポイントになるのでおすすめです。左がフランス、右がイギリス製。構造は似ているものの、やはりフォルムには違いがあります。

No.
11

Advertising goods

アドバタイジンググッズ

コレクター心をくすぐる
多彩なデザインとアイテムの数々。
出会いの楽しみをくれるアンティークです

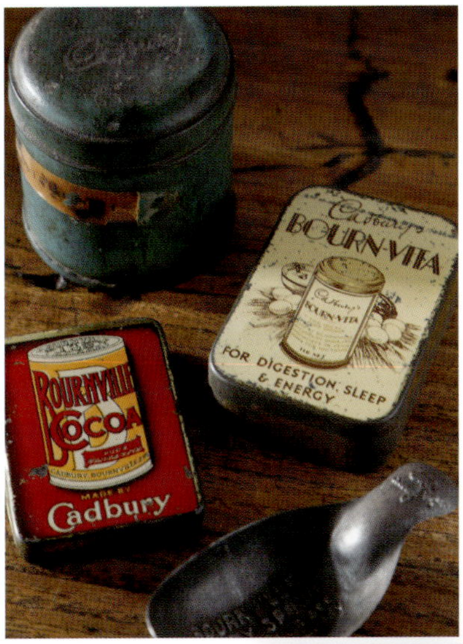

赤いブリキ缶は「キャドバリー」がココアを発売した際のサンプルケース。筒形の缶は粉末用のもの。

ロゴだけのものから、写真入りのものまで、バリエーションが豊富。どれも古いものです。

自宅のキッチンの壁にはニッチに棚板を取り付けて、「キャドバリー」のマグを並べています。これはコレクションの一部。

私がコレクションしているアンティークのなかに、「キャドバリー」のアドバタイジンググッズがあります。アドバタイジンググッズとは、商品の販売促進用に作られたグッズで、日本でいうところのオマケのようなもの。コレクターの多い分野です。

「キャドバリー」は1824年、イギリス・バーミンガムでジョン・キャドバリーによって設立されました。創設時はチョコレートドリンクを販売するお店だったそう。当時はチョコレートは食べるものではなく、飲むもの。19世紀半ばに食べるチョコレートが登場するまでは、ドリンクだったというわけです。現在でも人気で歴史があるため、パッケージの種類も豊富です。

アドバタイジンググッズのコレクターが多いのは、デザインの魅力はもちろん、時代によって多様なアイテムが生まれているから。当時の世相を反映していたりと、その変遷が表れているところに心をくすぐられるのです。販促用ですから、目を引くロゴや配色が考えられていて、今見ても楽しめるものが多いので、インテリアのアクセントにもなると思います。右ページの写真のガラス棚は商品のショーケース、木箱は輸送用のコンテナで、いずれも人気。買いつけに行くたび、お気に入りのアドバタイジンググッズを見つけて持ち帰る喜びは、自分へのごほうびなのです。

キャドバリーチョコレートのオマケの小さな動物たち。実物はこの写真より小さいけれど、細部まで実によく作られていて、大のお気に入りです。

自分だけのお気に入りを見つけるのも
アンティークの楽しみ。
私のコレクションをお見せします

チョコレートをドリンクとして販売していたころ、ホットチョコレートに入れるためのミルク用に使われていた陶製のジャグです。

エンボスされたキャディースプーンとは、茶葉を量るスプーンのこと。ドリンク用のチョコレートのためのもの。

筒状なので、ドリンク用の粉末を入れて販売していたものでしょうか。味わいのあるブリキ製です。

イギリスのキャドバリー・ワールドを訪れた際に見つけたシンボル。現行品ですが、コレクションに仲間入り。

憧れの
キャドバリー・ワールドへ

映画『チャーリーとチョコレート工場』のモデルになったともいわれるバーミンガムのキャドバリー・ワールドへも行ってきました。アドバタイジンググッズの本も宝物です。

こちらは販促用のポスター。イラストなので、絵画のように自宅の壁面に飾っています。

No.
12

Coronation glass

コロネーション
ガラス

イギリス王室の歴史が刻まれた
美しいプレスガラスは世界じゅうで人気のコレクタブルズ

1 ヴィクトリア女王戴冠50周年記念の小ぶりなガラスボウル。バターかチーズを入れるものでしょうか。**2** 食器が多いなか、珍しいキャンドルスタンドも。

1897年のヴィクトリア女王のコロネーションガラス。戴冠60周年を記念したダイヤモンドジュビリーのもの。

プレート中央の王冠を囲むように、右からシャムロック、バラ、アザミなどがプレスされています。

細かなエンボスでロゴや絵柄がプレスされているのは、コロネーションガラスと呼ばれるアンティーク。イギリス王室の国王や女王の戴冠記念や即位の周年記念の際に作られる記念品の一種です。

　イギリス王室の記念の年には、古くからガラスや陶器、シルバー製品など、さまざまなコロネーショングッズが作られてきました。２０２３年はチャールズ国王の戴冠式があり、その際にもいろいろなコロネーショングッズが発売されました。現地にはコレクターもいたりして、王室の記念行事はとても盛り上がります。特にガラス器は、デザイン的にも凝ったものが多いので、コロネーショングッズを集めるのも楽しいものです。

　ところで、アンティークのコロネーショングッズに特徴的なモチーフとして、3種類の植物があります。アザミはスコットランド、シャムロック（三つ葉の植物）はアイルランド、バラはイングランドと、それぞれの国の花が刻まれたものを見つけることができます。世界史をひもとくようなレリーフもまた、コロネーションの魅力といえるでしょう。

　それにしても、こんなに美しい記念品なら飾るのはもちろん、実際に使って楽しみたいもの。精密なエンボスによってキラキラと輝くガラスの器たちは、食卓に華を添えること間違いなしですよ。

「EⅡR」はエリザベス２世のマーク。華やかなゴールドリムのグラスは、
1953年の戴冠記念に作られたショットグラスです。

ガラスだけでなく、マグカップなどは人気でコレクタブルズの１つ。左の写真のビールジョッキは戴冠25周年のシルバージュビリーのコロネーション。イギリスらしいアイテムだと思います。

クラシカルな
タイポグラフィーや紋章が素敵。
イギリスの有名メーカーが
手がけたものも！

細かなエンボスが美しいミルクジャグ。右はプリンスオブウェールズを表すダチョウの３本の羽根、脚もとには「SILVER WEDDING 10 March 1888」の文字。結婚25周年記念のグッズです。

イギリスのさまざまなメーカーもコロネーショングッズを作っています。こちらは「フランク・クーパー」のマーマレードジャー。

No.
13

Garden item

ガーデン雑貨

庭先から室内まで
自由な発想でいかしたい
ジャンクな雰囲気が魅力の古道具たち

1 プランターを傾斜させられるスタンド。大きめのプランター用。**2** 優雅なアイアンワークが施された、ベランダでも使いやすい高さのあるタイプ。同じシリーズのような2種類。**3** カートの車輪はガーデンオブジェとして人気。**4** ブリキのジョウロは、風合いのある色が魅力です。

「チェルシーオールド」は、オープンして22年が過ぎました。飾って眺めるだけではなく、日々の生活に役立つアンティークを届けたいという思いからショップを始めて、あっという間のような月日でした。

私が大切にしてきたのは、特に女性の視点から、実際に使えるものを扱うこと。

ここでご紹介するガーデンや屋外で使われ

ある日のショップのエントランス。車輪やガーデンフェンスは、外壁に立てかけるだけでも雰囲気満点。

てきた雑貨は、アンティークのなかでも、ハードな使用に耐えてきた道具です。さびていたりペイントがはげかけていたりする味わいは、ガーデン雑貨で最も体現されていると思います。そのまま庭づくりに取り入れるのはもちろん、室内に取り入れるのも面白い。

さびたブリキやアイアン、風雨にさらされた木肌が加わると、エレガントなインテリアでも、ほどよく素朴さがプラスされ、華美になりすぎないのです。

便利な道具があふれている現代に、あえて古いものを選んだり、屋外のものを室内で使ったり――。アンティークが教えてくれるのは、自由な発想で暮らしを楽しむこと。ガーデン雑貨は、そんな新しいインテリアの側面を教えてくれるような気がします。

たとえば、味けないベランダに1つ、古い農具やフェンスを立てかけてみてください。とたんに雰囲気が増して、植物たちが引き立って見えてきますよ。

「ディジョンマスタード」の業務用容器。ガーデンツールを差しておけるほどのビッグサイズ。

牛乳用のジャグ、ワイン造りのブドウを搾るバケツなど、多彩なブリキの道具たち。

コリアンダーやセージなどのロゴを刻印したハーブマーカー。もとはフィッシュナイフだとか。

屋外で使われてきた
質実剛健な道具たち。
素朴で飾りけのない
ただずまいが人気です

ショップの敷地内に立つ、素朴な小屋には車輪を立てかけて。イギリスの田園風景をイメージしました。

武骨な雑貨が加わると、パイン材の家具がインダストリアルな表情に。雰囲気を変えたいときに効果的。

Column 2

花をいける

古いもののもつ雰囲気のせいでしょうか。なぜか、花や緑はアンティークによく似合います。そして、花器ではない器に花をいけたり、プランターとして活用する楽しさは、アンティークファンにもインドアグリーンがお好きな方にも共通する醍醐味《だいごみ》のはず。古いもののもつ魅力が、フレッシュな植物によって何倍にも増幅されて、お互いを引き立て合っているみたい。素敵なアレンジができると、インテリアも一気に華やいで、うれしくなります。ワイルドストロベリーの鉢を入れたのは、イギリスのプディングボウル。ほうろうのジャグにはハーブを。キッチンのシンク前の出窓に並べて、料理にも使いながら緑を楽しむ毎日です。

イギリスの陶製ピッチャーには、フリンジ咲きのチューリップを。シンプルな器が、レースのような特徴的な花びらをより際立たせています。

花瓶ほどもある特大サイズのヴァイロールボトル。可憐なカモミールをたっぷりといけて、素朴ながらも見栄えのするシーンに。

一重咲きのシックなラナンキュラスの鉢を、ハンガリーの古い陶製のジャグに入れると、フォークロアな雰囲気で可愛らしい。

パープルや淡いピンクのガラスの花器は、ヒヤシンスなどの球根用。口がすぼまっているので、球根をのせて根が伸びるようにして水栽培するもの。

私の好きなアンティーク

専用のプレートも人気

アスパラガスプレートは多くの窯《かま》で作られています。こちらは、初夏、旬のアスパラガスを食べるために作られたプレート。フランスでは大切な季節の楽しみのようです。なんて贅沢なんでしょう。

フランスでは駅のホームにもオイスターバーがあるほど、生ガキを食べることが多いので、生ガキ専用のプレートをよく見かけます。中央のくぼみにはディップを、まわりのくぼみには生ガキを入れてテーブルへ。もちろん、生ガキ以外に前菜を盛っても素敵です。

My favorite antique_1

バルボティーヌのプレート

フランス語で「でこぼこ」という名をもつ「Barbotine（バルボティーヌ）」。酸化錫《すず》の釉薬を使った立体的な造形が特徴的な陶器のことをそう呼びます。イギリスではマジョリカ焼きと呼ばれ、アールヌーボーの時代、フランスに限らずベルギーなどでも人気を博しました。フランスでは大変人気のあるバルボティーヌは、アンティーク街に行くと専門店をたくさん見かけます。カラフルで美しいデザインが目を引きますね。

My favorite antique_2

クランベリーガラス

クランベリー色のガラスを総称してクランベリーガラスと呼びます。美しい赤のクランベリーガラスは、そのまま窓辺に飾っていただくと大変美しいガラスの光を感じられます。昔、イギリスの田舎を車で走っていて、たまたま見つけた小さなアンティークショップ。入ってみると、窓辺に並べられたクランベリーガラスが光を通してとてもきれいでした。その光景が今でも脳裏に焼きついていて、見つけると買いつける大好きなアンティークガラスです。

こちらはクランベリーガラスのランプシェード。明かりを灯《とも》すと、あたりをうっすらとピンク色に染めてくれます。トイレなどの狭い空間に下げると、雰囲気が一変します。

クランベリーガラスと同じで、グリーンとブルーが混ざったような深い色が魅力のリキュールグラス。同じに見えて色の濃淡があり、気泡が入ったアンティークガラスの魅力もたっぷり。

Column 4

私の好きなアンティーク

　十字架のシンプルな形は、絶妙なバランスだと思います。モチーフとしてひかれるので、自分用にもいくつか持っています。時代を経てとても大切にされてきたものですから、そのたたずまいには厳かなものがあります。

My favorite antique_3

十字架モチーフ

こちらはアンティークフェアなどで見かけるたびに、自分用に買い集めたお気に入りのネックレスです。

イギリスやフランスのアンティークフェアで出会ったロザリオ。ロザリオとは、カトリック信者が祈りをささげるときに手で握りしめているものです。それを知らなかった昔、頭が通らないサイズがあって不思議に思っていました。どれも美しいものです。

Chapter3

家具と
インテリアアイテム

Furniture & Interior item

家具やシャンデリアとなると、ちょっと敷居が高い
という印象があると思います。
けれど、今の時代ではもう作ることができない
素材や細工が凝らされていて、まさに世界にたった1つ。
心ひかれるものに出会ったら、それは運命のようなもの。

No. 14

Chair

椅子

欧米のライフスタイルを象徴している家具といえば、椅子。実にさまざまな形の椅子が今も愛されつづけています

「ロイドルーム」社はヴィクトリアン様式のデザインと、特殊なクラフトペーパーとワイヤーで作る家具が有名なイギリスのメーカー。さまざまな色でペイントされていて、退色した風合いも味わいに。脚には十字の筋交いが入り、軽いのに安定感は抜群です。

アンティークの家具を手に入れたいと思ったら、まずは椅子がおすすめです。キャビネットなどにくらべると場所もとらず、何より実用的に使えて、よさを実感することができるから。そして、アンティークには、暮らしのなかから生まれた、たくさんの種類の椅子があります。

ゆったりとくつろぐときの椅子、作業中に腰かけるスツール、赤ちゃんを抱くときに座る椅子――。それぞれに適した造形が考えられていて、今でも充分に暮らしにいかすことができるので、ついついふえてしまう私の大好きなアンティークです。

そのなかでもロイドルームチェアは、実際に座ってみると違いがわかる1脚。一見、籐の椅子のようですが、特殊な紙を巻いたワイヤーで編まれていて、ラクに持ち運びできる軽さ。何より体を包み込むような設計で、一度腰を下ろすと、立ち上がりたくなくなるほど! 小ぶりですが女性にはぴったりです。ちなみに、右の写真の濃いブルーの椅子は、海をイメージしたわが家の洗面所の雰囲気に合わせて購入したもの。ショップでは、さまざまな色のものを扱っています。

アンティークチェアを手に入れると、昔の家具がいかにしっかりと作られているかが感じられ、大切に手入れをしながら、古いものと暮らす魅力が再発見できますよ。

わが家の椅子には
役割があります

チャイルドチェア

その名のとおり、子ども用のキッズサイズチェア。わが家では玄関に置いて、靴を履くときのちょっとした腰かけ用にしています。場所をとらず、可愛らしいのでおすすめですよ。

スツール

スツールはキッチンの必需品。私は料理の下ごしらえをするときに重宝しています。花器やプランターを飾っても素敵。座面の形もいろいろで、古いものは、座りやすいよう、くぼみがつけてあるものもあります。

祈禱《きとう》台

ひざまずいて祈りをささげる際、座面部分にひざをのせ、背もたれにひじを置く祈禱用の家具。椅子としては座面が低いため、リビングのローテーブルと合わせて、座椅子のようにも使えますね。

わが家では、食卓に数種類のアンティークチェアを合わせて、形の違いを楽しんでいます。

アーコールチェア

曲げ木の技術によって、軽いのに丈夫な「アーコール」社の椅子。こちらは、なかでもレアなスモーカーズチェア。木材だけで作られたとは思えない座りやすさは、ご存じの方も多いはず。

ペイントチェア

何度も塗り直されてきたダイニングチェア。イギリスのものは、特に色合いにニュアンスがあるような気がします。同じ水色でも、スモーキーでシック。大人のインテリアにも似合います。

チャーチチェア

教会で使われていた椅子で、聖書を入れるバイブルポケットと、十字架のくりぬき入りのクロスバックタイプ。エルム（ニレ）材を用いたものは古く、赤みのない落ち着いた色がファンに人気です。

No. 15

Table & Desk

テーブル&デスク

最も暮らしに密着した家具の1つ。テーブルたちとの素敵なつき合い方をあらためて考えてみませんか?

イギリスのカントリーサイドで使われていた ファーマーズテーブル。側面に１カ所ずつ引き出しがついているのは、アンティークの特徴。カトラリーを入れるのに活躍しています。

イギリスのオーク材のデスク。鍵穴と取っ手の両方あるものは、鍵を紛失し、あとから取っ手がつけられている場合も。これもアンティークならではのお話。

わが家のリビングダイニングの主役は、家をリフォームしたのを機に迎えた、150〜200年ほど前のイギリスのテーブル。デザインの異なる椅子を入れていますが、すんなりとなじんでいます。

家族の食卓、おもてなしの場、さらに趣味の時間を楽しんだり、時にはデスクワークなどと、テーブルは暮らしの真ん中にある家具。限られたスペースなら、家具をいくつも置くよりも、ゆったりできるテーブルがあるほうがくつろげますし、いろいろなシーンに応用できると思います。人が集まるときはもちろん、私が気に入っているのは、ここで趣味の刺しゅうをする時間。広い天板に道具を並べて、好きなことに没頭するひとときが大好きです。

大きなテーブルはくつろぎを与えてくれるもの。対してアンティークのデスクたちは、用途によって形が工夫されているのが興味深い。鍵付きで施錠できるものは、鍵自体が引き出しの取っ手も兼ねているため、鍵のそろっているものを探すのには苦労します。それでも、きちんと使えるアンティークを扱うためなので、家具自体よりも小さな鍵を真剣に探しまわっているのが、私の買いつけの恒例。

手間はかかるけれど、気に入った方に大切に使っていただけたら、また幸せな時間を経ていけるんですもの。いいアンティークを探す旅はやめられません。

使い方は自由。
ディスプレイにも収納にも役立つ形が見つかります

フランスの優雅なダイニングテーブル

海外のダイニングテーブルは大型のものが多いため、欲しいサイズが見つからない方はアンティークで探すのもおすすめ。こちらは脚のフォルムが優雅なフランス製。

オークの自然な風合いのウォッシングテーブル

洗面ボウルをセットして使っていたワックスドオークのテーブルは、玄関脇に置いて。ニスやステインを使わずにワックスだけで仕上げて、オーク材本来の色を楽しめる１台。

1 付属の鍵をなくさないよう、デスク以外の家具にも一つひとつにタッセルをつけるのは、「チェルシーオールド」のサービス。**2** 天板を開けると、両サイドから支えになるストッパーが出てくる、ていねいな造り。

憧れのライティングビューロー

天板が開閉できるのが特徴で、開けると本棚が造り付けてあり、実に効率よくできています。多くは引き出しなどの収納部があり、天板が革張り。手紙などの書きものがしやすいようにとの配慮なのだそう。

アイアンの格子が入ったガラス扉の本棚付き。扉にステンドグラスが使われているタイプもあります。今ならディスプレイ兼収納にうってつけ。ライティングビューローはコンパクトサイズのものも多いため、日本の住宅にもおすすめです。

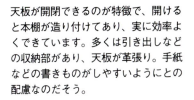

No.
16

Furniture of oak wood

オーク材の剥離《はくり》家具

今、フランスで絶大な人気の塗装をはがしたオーク材の家具。無垢《むく》材とも異なる素朴さと味わいを併せもった質感です

わが家のカップボード（右ページ）とほぼ同じデザインで、剥離されていないのが、こちら。色合い、ツヤがしっかりと出ているので、重厚感があります。

密で堅いオーク材ならではの細かなレリーフも、剥離されるとほどよい雰囲気に。扉のある家具は、カップボードと呼ばれています。

このカップボードの風合い、とても素敵だと思いませんか？　もともとは、ステインとニスで仕上げた、ツヤのあるオーク材のアンティーク家具でした。当時の塗装をはがしてワックスで仕上げたのが、今回ご紹介するフランス語で「レ マーブル デカペ」と呼ばれる剥離家具です。

この仕上げをした家具が今、フランスでは人気を呼んでいます。フランスらしい装飾のあるアンティーク家具は、ともすれば重厚な印象になりがちですが、剥離したものはツヤのない木地が現れて、優雅でありながらも素朴。かといって、無垢の木目とも異なり、年代を経た味わいはしっかりとある……。そんな、アンティークの両極の魅力を兼ね備えているように感じます。

ポイントはオーク材であること。深みのある茶色のイメージですが、剥離された風合いはパイン材などとはまた異なる落ち着いたシックな色合いに変化します。私は、この剥離されたオーク材の風合いが大好き。カジュアルになりすぎないところも、材質のよさを感じられるから。

写真のカップボードは、私自身がひと目ぼれして自宅用に買いつけた一台。来客用のスリッパなどを収納するのにぴったりで、今はわが家の玄関の新しい顔になっています。どっしりとしていて、素朴でしょう？

大型のクロゼットは内部に棚板があり、収納力抜群。鏡が部屋を広く見せてくれそう。

シャビーなインテリアに似合うのも
注目されている理由。
アンティークにも新しいムーブメントが
生まれるのです

部屋の中心になるテーブルも、シックな色合いなら取り入れやすい。

デコラティブなフォルムでも、こなれた印象なのは剥離家具ならでは。

Les meubles decapes
華美なデザインを
中和させる効果も

人気のガラス扉のキャビネットも、剥離されたものを見つけました。直線的で素朴なデザインによく似合っています。

No. 17 *Lighting*

照明

ダイニングの照明は卓上から80cmの高さがベスト。位置やコードの長さによって雰囲気が大きく変わります

トイレに設置するときは、中央よりもやや奥まった位置に。頭上にあるよりも効果的に明るさを感じるうえ、視界に入りやすく、存在感が際立ちます。狭い空間が見違えるひと工夫です。

キッチンカウンターの上にはペンダントを３灯。シルクコードは、長いほうが見た目にきれいです。キッチンなどの水まわりには、白のほうろうや白いミルクガラスといった清潔感のあるものを。

玄関からダイニングに続く廊下には、壁づけの照明を。街灯をイメージして、ところどころにつけています。チェストの上部に取り付けて、飾ったアンティークを照らすダウンライトの役割も。

アンティークの照明というと、素敵だけれど実際に使えるのかどうか、少し二の足を踏んでしまう方もいるのでは？「暮らしのなかで使えるアンティーク」として、私が力を入れているのが、日本の住宅でもすぐに取り付けられる照明です。

コードやシーリングはすべて新しく替え、安心してそのまま使っていただける状態にメンテナンス。さらにご提案しているのは、より効果的な照明の取り付け方です。アンティークの照明の多くは、1つで全体を照らすのではなく、間接照明としていくつも使われるもの。ですから使う場所に合わせて、天井から吊るす、壁につけるなどの組み合わせで、室内の雰囲気がより趣深いものになります。可能であれば、それぞれ配線を別にしておくと、必要な場所だけ点灯できて、実用的。そして、美しいシェードは、点灯していないときでも目を楽しませてくれます。たとえばダイニングなら、食卓から80cmの高さに。常に視界に入りながらも、立ち上がったときにジャマにならないちょうどいい距離なのです。初めてなら、サニタリーなど狭い空間に。照明の効果を実感しやすいので、おすすめです。

こんなふうに、単なる光源としてだけでなく、使い方で昼も夜も堪能できるアンティークの照明。小さな光だけれど、その魅力はとても大きいのです。

壁づけのライトはブラケットにも細工が施してあって、アンティークならではのエレガントさ。玄関、廊下などで省スペースながらも美しい陰影をつくります。

設置する場所で魅力を増すデザイン

素朴な雰囲気のわが家には似合わないと思っていたイギリス製のシャンデリア。これが、つけてみたら見事に調和。堂々、インテリアの主役になりました。

1 キャンドルのように灯《とも》る、シェードのないスタンドライトも魅力的。**2** 曲線の組み合わせが珍しいフランス製。ショップで販売しているものは、すべて新しいコードを使用しています。

点灯しなくても美しいガラス

4

3

3 オパリンガラスと呼ばれる、乳白色のなかに虹のような色合いが見られる古い製法のガラス。**4** 緑色に発光するウランガラス。今はどちらも希少なため、コレクターズアイテムです。

ふわりとレースをかけたような繊細なプレスガラスのシェード。

配線を分けるのがおすすめ

ダイニングだけで複数の配線をしているため、壁のスイッチもこの数。コーナーの明かりのみを灯すなど、段階的に楽しめるのも利点。スイッチプレートもアンティーク。

No.
18

Rug

ラグ

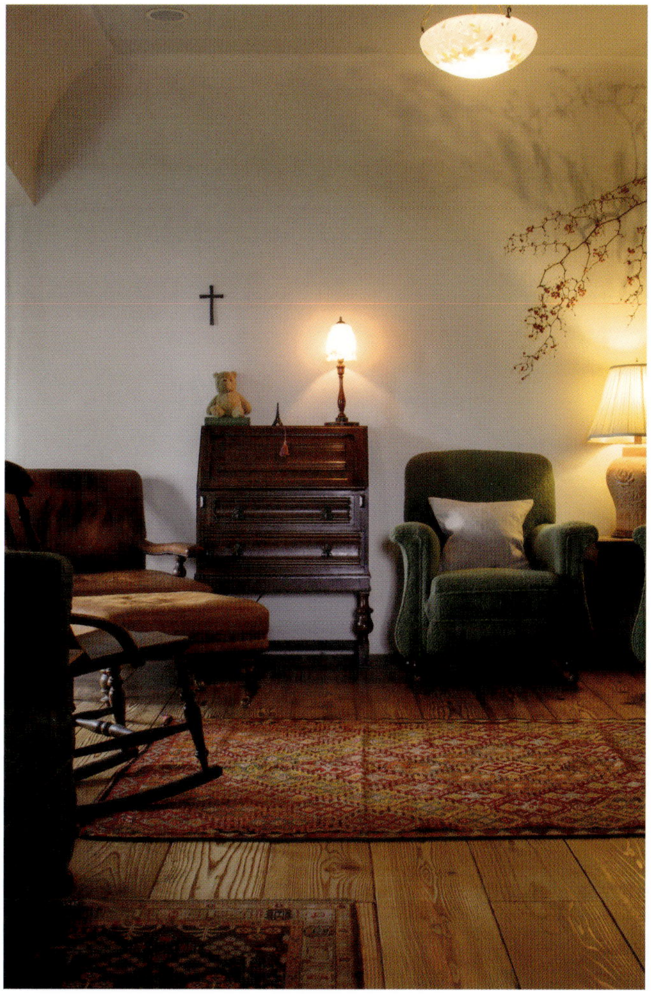

リビングには中央に一枚。パッと華やかになって、わが家の重厚な家具にもぴったりでしょう？　上に家具は置かずに、ラグを主役にしてみました。

ソファの下にも異なる柄のラグを敷いていますが、煩雑な印象にはなりません。

インテリアを一変させる時を経たラグ。あせて、色合いが落ち着いたものほど家具や床になじんで調和します

海外の住宅では、古い家具にはラグがつきもの。昔ながらの住まいには家具と同じように、たいてい年代物のラグが敷かれています。

どこかエキゾチックなデザインなのは、もともとイランやトルコなどで織られたものだから。なかにはベルギー製のものもありますが、多くは中東からヨーロッパに輸出され、今ではイギリスやフランスでアンティークとなっているのです。

当時はきっと、室内装飾として重用されてきたのだろうと想像させる、鮮やかな色合い。時を経ることで、その色はあせているけれど、今ではこなれたシックな味わいに。アンティークの家具と同様に、新しいものにはない美しさが備わっています。

ヨーロッパの住宅では廊下にもラグを敷いたので、細長いタイプが多いのもアンティークの特徴。私はこれをダイニングテーブルの周囲に敷くのが、おすすめ。日本では家具の下に敷くことが一般的ですが、あえて室内の動線に色柄のあるものをもってくると、インテリアのレイアウトが変わったかのように見違えます。もちろん、玄関マットやフロアの中央に敷くタイプもあるので、手軽な模様替えに取り入れてみてください。

ほどよい差し色にもなって、見慣れた家具が並んでいても、これまでにない雰囲気に見えてくるから不思議です。

家具の表情さえも変わるアンティークのラグ。
一枚敷くだけでドラマチックな模様替えに!

わが家はダイニングテーブルの周囲を囲むように、細長いラグを重ねながら敷いています。異なるデザインでもしっくりなじむのは、アンティークならではのこなれ感。

玄関に敷いてみたところ、テラコッタタイルのフロアにあたたかさが加わりました。訪れるお客さまにも好評です。

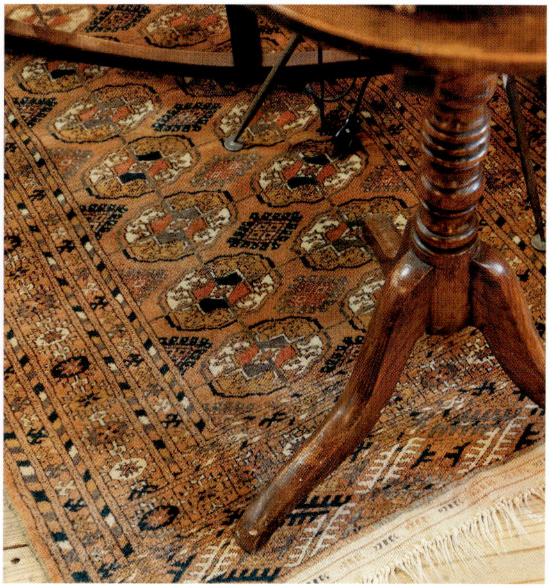

テーブルやチェストなどの下に敷く場合、家具に対して平行に敷かずに、あえて斜めにしてみると、室内のレイアウトに動きが出ます。目線が変わってユニークな趣になるので、ぜひお試しあれ。

Column 4

アンティークリノベーション

真新しい家具や建材ではつくれないのがアンティークの空間。
古い素材を使ったリノベーションはひと味違います

古材を張った
ディスプレイウォール

1 天井まで古材を張って薄い棚板で作った造作壁。白い壁面のアクセントになりました。**2** 棚の間隔をランダムにして、ブックシェルフも作りました。浅い奥行きなので、小さなコレクションを飾るのにぴったり。

最近、アンティークのドアや窓を取り入れたリノベーションのご相談をいただくようになりました。ショップでは施工のご提案もしているので、そうしたお声はうれしいかぎりです。

わが家もリフォームした際、壁の造作にさまざまな手を入れました。「こんなふうにしたら素敵になるかも」とひらめいて、古材や古い扉を組み込んでみたのです。これが大正解。お気に入りのコーナーになっています。

リフォームを検討される際は、いい機会です。アンティークをどこか一角にでも取り入れてみてはいかがでしょうか。

アンティーク扉を造作にいかす

3 美しい風合いになった扉3枚は、おそらく家の収納庫などに使われていたもの。これをキッチンとパントリーの間に取り付けて、双方向から出し入れできる造りに。**4** 調理家電を置いて、目隠ししながらキッチン側からも使える仕様です。**5** 取っ手は古いガラスノブが使われています。

Café An

岐阜県安八郡安八町東結1010-1
☎090-3457-2349
㊮9：00〜12：00　不定休

カフェをアンティークリノベーション

カフェをオープンするお客さまからのご依頼で私がまず提案したのは、落ち着いた空間を演出するための〝色〟。しっとりとした大人の雰囲気を醸し出す、オーク材をメインとした重厚な木の色合いと、シックなヴァイオレットカラーでした。

壁はグレーを混ぜた漆喰でニュアンスを、そこに紫のガラスを使ったステンドグラスの窓を入れて。特にこだわったのは、サニタリーです。スペースを広くとり、優雅な気分になれるように大きな洗面台や椅子を入れました。これは、お客さまにも大好評！

アンティークのリノベーションは、家具や建材の選び方に加え、壁の色、照明の使い方で印象が大きく変わります。その方の希望はもちろん、古いものにしか表現できないご提案を、これからも大切にしていきたいと思います。

テーブルや椅子はどれも一点もの。すべて異なるデザインが並ぶのも、好きな場所でくつろいでいただくための工夫です。

ステンドグラスのドアを開けると、外国のホテルのようなサニタリーが！　アンティークのサイドボードをくりぬいた洗面台や鏡、椅子、照明が壁の色と見事に調和しました。

大きなステンドグラスの窓は、シンプルな幾何学模様のなかにアクセントカラーにしたヴァイオレットが。落ち着いた照明の店内で美しさが引き立ちます。

ゆったり座れるカウンター席もあり。奥のサイドボードの上には、お気に入りのアンティークの食器を飾って。

チェルシーオールドへ
ようこそ！

https://chelsea-old.com

CHELSEA OLD

岐阜県岐阜市柳津町上佐波4-41
☎058-270-0543　店舗営業日：日・月曜　10：00～17：00　火・土曜休
※水～金曜日は事前予約でご来店いただけます
Email：info@chelsea-old.com　インスタグラム@antique_chelseaold

イギリスでの買いつけ後は、家具や食器もガラリと入れ替え。スタッフ総出でディスプレイをします。

ショップのディスプレイは
年に数回、大々的に変わります!

「日々、使えるものであってこそ価値がある」

アンティークを扱ううえでの私の身上です。イギリスやフランスで買いつけた家具はリペアを施し、ステンドグラスや照明は日本の住宅の建具として使えるよう、リノベーションのプロデュースもしています。

古い倉庫を改装したショップの広さは、約144㎡。年に数回買いつけてくる家具や雑貨が届くたび、大々的にディスプレイを変えるので、ショップの雰囲気がガラリと変わります。ご自宅に飾ったときの雰囲気を想像しやすいように、コーディネートにも工夫を凝らして。品ぞろえは豊富なので、お客さまのなかには、いつか理想の住まいを実現したら使いたいと、家具や建具を購入してストックされる方もいらっしゃいます。

オープンから22年を経て、今では日本全国のお客さまにアンティークをお届けするようになりました。直接お越しいただけない場合でも、サイトを通じて商品の状態を細かくお伝えしています。同じものが1つとしてないアンティークをお求めいただくので、可能なかぎり詳細に説明して、ご希望に添えるものをお届けしたいと心がけて。

一期一会のアンティークとの出会いを、少しでも幸せなものにできるように。そんなお手伝いができたら、私自身も、とても幸せだと思います。

ステンドグラスの品ぞろえには自信があります。大小さまざまなステンドグラスは、常時1000点以上。お気に入りの１枚を見つけ出すのもよし、２枚、３枚と複数そろう絵柄に出会える可能性もあります。

この本でご紹介しているブルー&ホワイトの器。定番として人気なので、常時そろうようにしています。

アンティークのアクセサリーも人気。細かな銀細工や、貴石の入ったものは、現代でも充分におしゃれです。

家具に飾った様子、照明に照らされた具合といったトータルでの雰囲気を見ていただけるようにディスプレイ。

出まわっている数が少ないアンティークのベッドは、今では見かけないエレガントなデザインが魅力。店内でも注目の的です。

ショップの２階はストックルーム。約100㎡あるフロアに、所狭しと家具が並び、出番を待っています。

店内に並んでいるのは
買いつけてきた新着のアンティークが中心。
さらに豊富なアンティークをストックしています

ショップの外観。駐車場もありますので、遠方から車でお越しになる場合も、ご安心を。

常に自分の目で見て買いつけるのがモットー。海外のフェアやモールを飛びまわって掘り出し物を探します

フランスでもイギリスでも、こんなのどかな風景が続く田舎に買いつけの場所があります。トラックで移動して、出会ったものを積み込んでは移動していきます。

1 イギリスのアンティークディーラーさんの倉庫での買いつけ。ここは家具倉庫が何棟もあるため、買いつけは朝から夕方まで長時間にわたります。**2** ステンドグラス専門ディーラーさんの倉庫にて。天井までの陳列棚が圧巻です。**3** アンティークフェア会場での買いつけ。インターナショナルフェアは数千軒のアンティークディーラーさんが大陸からも集まります。**4** 大好きなブルー&ホワイトを専門に扱うアンティークディーラーもあり、いつも心が躍ります。

2

1

4

3

大量に買いつけた商品をコンテナに無事に積み込み、ほっとひと息。ここから到着はおよそ数カ月後。日本で会えるのを楽しみに。

フランスのアンティークモール。たくさん掘り出し物が見つかるときもあるし、ほとんど空の場合も。買いつけはまさに一期一会です。

イギリスの買いつけ旅の途中、アフタヌーンティーをいただきました。本場の味を堪能《たんのう》して、体力勝負の買いつけのエネルギーをチャージ！

「チェルシーオールド」の名前はショップを始めるときにロンドンの地図を眺めて、「CHELSEA OLD CHURCH」の文字を見つけ、店名としていただきました。初めての買いつけの際に訪れてみると中は見ることができず、20年以上の月日が流れ、昨年再訪するとたまたま牧師さんがいらっしゃって中を見せてくれることに。あまりの美しさに感動しました！　観光施設ではないので、通常は中を見ることはできないようですが、気さくに案内してくれました。20年を過ぎて、やっと内部を知ることができた美しい教会。店名をいただいたご縁を感じています。

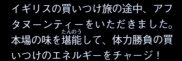

Epilogue

雑誌『私のカントリー』に連載が決まった当時、
初めてで何もわからない私でしたが
編集者の藤井さん、カメラマンの飯貝さんの
サポートでスタートし、現在に至ります。

ですから、本書の出版のお話をいただいたとき、
うれしさと同時に緊張感もこみ上げましたが、
「お2人がいるから大丈夫！」という
安心感が後押しし、出版を決めました。

また、今も連載が続けられるのは、
これまでチェルシーオールドで
出会ったみなさまのおかげです。
出版は私がみなさまに育てていただいたことへの
感謝の気持ちを形に表す機会でもあると考えました。

今、本を手に取っていただいていること、
心から「ありがとうございます」。

そして最後に、イギリスのマイクとリンダ、
いつも支えてくれる家族や仲間にも
「ありがとう」と伝えさせていただきます。

油谷訓子

STAFF

撮影／飯貝拓司　チェルシーオールド
デザイン／小林 宙(ベルノ)
校正／福島啓子
編集／藤井瑞穂

CHELSEA OLD

岐阜県岐阜市柳津町上佐波4-41
☎058-270-0543
店舗営業日：日・月曜　10：00〜17：00
火・土曜休
※水〜金曜日は事前予約でご来店いただけます
https://chelsea-old.com
Email：info@chelsea-old.com
インスタグラム@antique_chelseaold

アンティークにまつわるイベント・ワークショップを随時開催。詳しくはホームページ、インスタグラムをごらんください。
※本書でご紹介したアンティークはすべて一点ものです。同一の商品が販売されていない場合もありますので、ご了承ください。

暮らしにいかす アンティーク入門

著　者　油谷訓子
編集人　東田卓郎
発行人　殿塚郁夫
発行所　株式会社主婦と生活社
〒104-8357　東京都中央区京橋3-5-7
https://www.shufu.co.jp
編集部　03-3563-5455
販売部　03-3563-5121
生産部　03-3563-5125
製版所　東京カラーフォト・プロセス株式会社
印刷所・製本所　TOPPANクロレ株式会社

ISBN978-4-391-16361-2

本書は『私のカントリー』の連載「今だから知りたいアンティークの愉《たの》しみ」の記事をもとに、新たな記事を加えて再構成したものです。今後も新たな連載記事をお楽しみください。

主婦と生活社刊
年２回発行　3月・10月
インスタグラム@watashinocountry.zakkabook
https://country-festa.com/